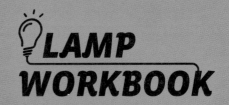

LAMP WORKBOOK

PART 4 IE
Information Processing Enhancement Program

정보처리 능력
향상 프로그램

박동혁 저

학지사

만일 우리가 사막 한가운데 홀로 남게 되었다고 생각해 봅시다. 당장의 생존을 위해, 물, 음식, 잠자리를 찾아 헤매게 될 것입니다. 하지만 사막에 대한 지식이 전혀 없다면 생존을 위한 모든 시도는 오히려 생명에 위협이 될 수 있습니다. 그런데 이때 그 지역을 아주 잘 알고 있는 사람이 나타나 자신의 지식을 전달해 준다면 어떨까요? 아마도 살아남는 것은 물론이거니와 안전한 길을 찾아 사막을 빠져나올 수 있을 것입니다.

사람이 가진 배움의 능력은 어려움에 처했을 때 그 문제를 해결할 수 있는 힘이 됩니다. 더 나아가 자신의 잠재력을 개발하고 자기실현을 할 수 있는 유일무이한 수단이기도 합니다. 그렇기에 성장을 위한 배움은 즐겁고 기쁜 경험이며, 그럴 때 비로소 배움의 의미를 느낄 수 있습니다.

공부와 학습이 갖는 이런 중요한 의미를 알기 때문에 오랫동안 교육/심리학자들은 공부를 잘하는 사람의 특징을 찾기 위해 애써 왔습니다.

그간의 연구결과를 요약하자면, 꾸준히 좋은 학업성취를 하는 사람은 두 가지 특징을 가지고 있습니다. 그것은 바로 **즐겁게, 전략적으로 공부한다는 것**입니다. 이런 특징들을 우리는 '자기주도학습'이라고 부릅니다.

즐거운 공부는 자발적인 목표설정과 동기에 의해 좌우되며, 전략적 공부는 습관에 따라 결정됩니다. 학년이 올라갈수록 이런 특징들의 중요성은 지능을 압도할 만큼 커집니다.

동기와 공부습관은 지능과 달리 선천적인 것이 아니며, **일정 기간의 훈련이나 연습에 의해 상당한 변화가 가능**합니다.

이러한 과정은 마치 근육을 키우기 위해 운동을 하는 것에 비유할 수 있습니다. 처음에는 힘들고 어색하지만, 효과적인 방법이 무엇인지 이해한 후, 그것을 습관이 될 때까지 꾸준히 적용하면 자신의 삶에 분명한 결과를 가져다줍니다.

본 프로그램은 여러분들의 목표의식과 공부습관을 향상시키기 위한 목적으로 만들어졌으며, 1권-동기 및 목표 향상 프로그램(ME 과정), 2권-시간관리 능력 향상 프로그램(TE 과정), 3권-집중력 향상 프로그램(CE 과정), 4권-정보처리 능력 향상 프로그램(IE 과정), 5권-시험준비 능력 향상 프로그램(EE 과정) 총 5가지 주제로 구성되어 있습니다.

이 프로그램을 접하는 청소년 여러분에게 이 기회를 통해 수동적이고 지겨운 공부에서 벗어나 주도적이고 즐거운 공부를 경험할 수 있는 계기가 되기를 간절한 마음으로 기대해 봅니다.

마음은 배움의 힘을, 배움은 마음의 힘을 키워 줍니다. 우리는 그 힘을 믿습니다.

심리학 박사 박동혁

CONTENTS

3 습관만 바꿔도 기억력이 높아진다!
기억력 향상 전략

4 암기의 달인이 되는 방법
기억술의 이해와 적용

문제집도 되고 참고서도 되는
나만의 노트 만들기

노트필기 기술

☞ 들 어 가 기

"우리 반 어떤 친구는 별로 열심히 하는 것 같아 보이지 않는데 시험을 되게 잘 봐요.
어쩜 저렇게 시험문제를 잘 예상할까요? 운이 정말 좋은가 봐요!"
시험기간, 많은 학생들이 벼락치기 공부를 하느라 분주할 때 여유롭게 중요한 내용만 살펴보는 얄미울
정도로 여유만만인 친구도 있습니다. 이 친구들은 남다른 무기를 가지고 있는데요, 바로 수업내용을
잘 정리한 노트입니다. 노트필기는 어떻게 만드는지에 따라 그 활용도가 결정됩니다.

─   이번 시간에는 복습과 시험 준비에 요긴하게 사용할 수 있는 효과적인 노트 작성법에 대해 배
워봅시다.

★ 이번 시간에 배울 내용

• 나는 그동안 어떤 방식으로 필기해 왔나?   • 노트필기를 하는 이유는 무엇인가?
• 노트필기에는 어떤 유형들이 있을까?   • 효과적인 노트법이란?

노트필기 체크리스트

● 나는 노트필기를 얼마나 잘하는지, 또 노트를 얼마나 잘활용하는지 스스로 점검해 봅시다.

문 항	√표
1. 중요한 과목별로 노트를 가지고 있다.	
2. 수업시간에 중요한 것 위주로 필기한다.	
3. 나중에 봐도 알아보기 쉽게 정리한다.	
4. 선생님이 강조한 내용은 따로 표시한다.	
5. 노트에 불필요한 낙서나 그림을 그리지 않는다.	
6. 노트를 가지고 복습에 활용한다.	
7. 중요한 부분을 알아보기 위한 나만의 기호가 있다.	
8. 내 노트를 통해 시험 문제를 예상할 수 있다.	

총 개수 :

● √ 표시한 문항의 개수를 세어보세요. 여러분의 결과는 어디에 해당되나요? 만약 4개 이하의 개수가 나왔다면, 이번 시간을 통해 자신이 부족했던 영역을 보완해보세요.

(0~2개) ⟶ 노트필기 습관이 많이 부족해요

(3~4개) ⟶ 고쳐야 할 노트필기 습관이 더 많아요

(5~6개) ⟶ 좋은 습관이 많은 편이네요

(7~8개) ⟶ 아주 잘하고 있어요

내 노트는?

● 필기한 노트를 펼쳐봅시다. 노트필기를 할 때 자신이 사용하고 있는 내용과 방법을 점검해본 다음, 내 노트에서 잘된 점과 앞으로 고쳐야 할 점에 대해 정리해봅시다.

잘된 점	고쳐야 할 점

노트필기는 왜 해야 할까요?

어떤 친구들은 수업을 잘 들었다면 굳이 손 아프게 노트필기를 할 필요가 없다고 말합니다. 정말 그럴까요? 우리는 왜 노트필기를 해야 하는 것일까요?

● **내 생각은?**

● **노트필기의 중요성**

1. 우리의 _____ 에는 한계가 많아요. 더 나은 _____ 을 위해 기록을 남겨둬야 해요.

2. 필기를 하면 수업내용에 더 _____ 할 수 있어요.

3. 학년이 올라갈수록 공부 할 _____ 이 엄청나게 증가해요. 설사 머리가 굉장히 좋다고 하더라도 그 많은 내용들을 제대로 _____ 하지 않으면 모두 기억할 수 없어요.

4. 잘 정리된 노트는 _____ , _____ 를 할 때 나만의 맞춤 참고서!

스스로 작성한 노트의 장점

베낀 노트, 선생님이 나눠준 프린트물, 학원에서 요약해준 내용, 참고서나 문제집 내용들도 노트필기를 대신할 수 있습니다. 하지만 직접 작성한 노트의 학습효과가 더 우수한 것으로 알려져 있는데요, 그 이유는 무엇일까요?

> 스스로 　　　　 했기 때문에 더 잘 　　　　 가 된다.

> 　　　　 내용을 쉽게 구분할 수 있다.

> 수업 　　　　 와 맥락을 떠올릴 수 있다.

> 　　　　 을 통해 해당 과목에서 자신의 약점을 보완할 수 있다.

> 시험문제를 　　　　 할 수 있다.

노트필기 유형

● 아래 제시된 노트필기의 장단점을 찾아보고, 자신의 노트는 어떤 유형에 가까운지
생각해봅시다.

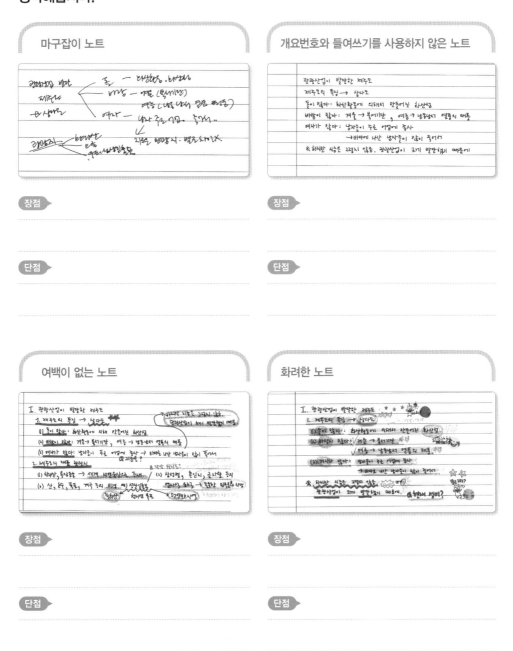

마구잡이 노트

장점 ▶

단점 ▶

개요번호와 들여쓰기를 사용하지 않은 노트

장점 ▶

단점 ▶

여백이 없는 노트

장점 ▶

단점 ▶

화려한 노트

장점 ▶

단점 ▶

좋은 노트의 특징

● 좋은 노트는 아래의 4가지 조건을 충족시킵시다.

1.

2.

3.

4.

● 좋은 노트는 다음과 같은 내용들로 구성되어 있습니다.

효과적인 노트양식

위에 제시된 노트는, 노트의 왼쪽 부분에 2~4cm 정도의 선을 그은 후 핵심단어칸과 수업내용 정리칸으로 나누어 정리하도록 도와주는 효과적인 양식입니다.

수업 내용 중에서 중요한 내용을 따로 정리할 수 있다는 장점이 있습니다.
중요한 핵심 내용과 설명 부분의 구분이 가능하기 때문에 복습에 아주 유용한 노트 형식이라고 할 수 있습니다.

☝ 수업내용 정리칸 작성 방법

학교 수업을 들으면서 노트 작성을 할 때, 먼저 수업내용 정리칸을 필기합니다. 수업을 들으면서 동시에 필기를 하는 것이 결코 쉬운 일은 아니지만, 아래의 단계를 따라가다 보면 보다 쉽게 필기할 수 있을 것입니다. 아래 빈칸에 해당하는 단어를 스티커에서 찾아 붙여봅시다.

핵심단어칸	수업내용 정리칸

1 단계

> 가장 먼저 그날 배울 내용의 　　　　　을
　눈에 잘 보이게 적습니다.

> 대단원, 중단원, 소단원 등을 구분하여 적습니다.

2 단계

> 그 단원의 　　　　　　　를 적습니다.

> 학습목표에는 그날 수업의 가장 핵심적인 내용들이
　포함되어 있으므로, 반드시 필기하도록 합니다.

3 단계

> 수업을 들으며 　　　　　　내용을
　수업내용 정리칸에 필기합니다.

> 수업 때의 필기가 노트필기의 끝이 아니므로
　(집에 가서 다시 보충해야 하기 때문에) 　　　　　을
　넉넉히 두면서 필기합니다.

핵심단어칸	수업내용 정리칸

4 단계

> 필기를 할 때에는   를 붙이고,

                를 사용해가면서 적도록 합니다.

5 단계

> 잘못 필기한 부분은 지우지 않습니다. 대신

          을 긋고 고친 내용을 그 위에 다시 적습니다.

> 단순히 맞춤법이 틀렸을 경우에는 지우개나 화이트를
  사용합니다.

6 단계

> 수업 중 선생님이 강조하고 반복해서 설명한 부분은
  확실하게   표시합니다.

7 단계

> 수업 중 중요하다고 생각되는   이나

          등은 직접 그려보도록 합니다.
  다만 꼭 수업 중에 그릴 필요는 없으며, 수업 후
  복습하는 과정에서 그립니다.

8 단계

> 수업 중에 제시되는 다양한 정보와 사실뿐만 아니라
  그에 대한   도 필기합니다.

🖐 핵심단어칸 작성방법

위의 8단계에 따라 수업내용 정리칸의 필기를 마치면, 핵심단어칸을 기록합니다. 핵심단어칸은 수업내용 정리칸에서 '수업내용을 떠오를 수 있게 하는 힌트'가 되는 핵심단어를 찾아서 적는 것이 중요합니다. 수업단어칸 작성방법과 마찬가지로, 스티커에서 빈칸에 해당하는 단어를 찾아 붙여봅시다.

● **작성 방법**

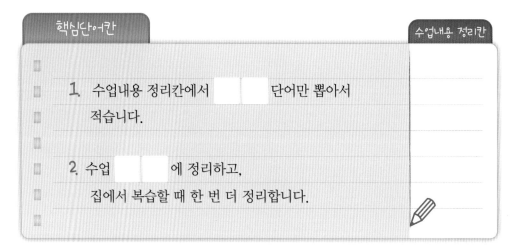

● **핵심단어 찾는 요령**

> 선생님이 수업 중에 ▢▢적으로 이야기한 단어

> 학습목표, ▢▢, 제목 등에 포함되어 있는 단어

> 교과서에 굵게 표시되어 있거나 ▢▢된 단어

노트 작성 예시

다음 예문을 3분간 읽은 다음, 노트 형식으로 바꾼다면 어떻게 정리할 수 있을지 잠시 생각해봅시다. 노트에 옮길 중요내용에 밑줄을 긋고 개요번호를 붙이면서 읽으면, 노트필기가 쉬워집니다.

 예문

인구 성장과 인구 이동

학습목표
1. 인구 성장과 인구 이동에 대해 알아보자.
2. 인구 성장 모형을 이해하고 각 단계에 해당하는 예를 생각해보자.

인구가 증가하거나 감소하는 것을 어떻게 알 수 있을까?

우선 한 국가의 인구가 증가했을 경우를 생각해 보자. 인구가 증가했다는 것은 태어나는 사람이 죽는 사람에 비해 많다는 뜻임을 쉽게 짐작할 수 있다. 이와 반대로 인구가 감소했다면 태어나는 사람보다 죽는 사람이 많은 경우 일 것이다. 이처럼 인구의 규모는 기본적으로 출생과 사망에 의해 결정된다.

세계 전체의 인구 성장도 출생자 수에서 사망자 수를 뺀 값인 자연증감에 의해 결정된다. 그런데 지역 단위에서는 자연증감 외에도 인구 규모에 영향을 주는 또 다른 요인으로 인구 이동이 있다. 국제적인 인구 이동에서는 이민, 국내 인구 이동에서는 전입과 전출이 있는데, 이에 의해서도 인구 규모는 커지기도 하고 작아지기도 한다. 인구 성장이나 감소는 한 국가의 생존과 관련되며 직접적으로는 생산과 소비에 영향을 미치기 때문에 사회발전과도 밀접한 관련이 있다. 따라서 증가든 감소든 지나친 인구 변화는 바람직하지 않은 현상이다.

인구 성장 모형 중 1단계는 출생률과 사망률이 모두 높아 인구가 그다지 증가하지 않는 단계로, 현재는 아프리카, 아시아, 라틴아메리카에 살고 있는 몇몇 원주민 집단에서 찾아볼 수 있다. 2단계는 의학이 발달하고 생활환경이 개선되면서 사망률이 급격히 낮아져 인구가 폭발적으로 증가하는 시기이다. 현재는 아프리카의 여러 국가들과 아시아의 개발도상국들이 이에 해당한다. 3단계는 산업화의 진행으로 여성들의 사회 참여가 일반화되면서 결혼 연령이 높아지고, 가족계획이 실시되면서 출생률이 급격하게 감소하는 시기로 인구 증가는 차츰 둔화된다. 서양에서는 19세기 중반에 나타났으며, 현재는 몇몇 개발도상국에서 나타나고 있다. 4단계는 출생률과 사망률이 모두 낮아지기 때문에 인구가 정체하는 시기로, 현재 선진국에서 나타나고 있다.

출처 [중학교 사회]

앞의 예문을 효과적인 노트양식으로 옮기면 이렇게 됩니다. 스티커를 활용하여,
필기단계를 표시해봅시다.

* 단계가 적용된 부분에 스티커를 붙입니다. 단, 필기 전체에 적용된 단계는 가장 윗부분에 붙이면 됩니다.

핵심단어칸	수업(본문)내용 정리칸

I. 인구 성장과 인구 이동

학습목표 - 인구 성장과 인구 이동에 대해 알아보자.

　　　　　- 인구 성장 모형을 이해하고 각 단계에 해당하는 예를 생각해보자.

1 인구가 성장하는 과정

* 인구의 규모는 출생과 사망에 의해 결정

세계 인구증감
계산법

① 세계의 인구 증감 = 1년간 출생자 수 -> 1년간 사망자 수

　▶ 이를 '자연적증감'이라 함　★자연증감

국가 인구증감
계산법

② 국가의 인구 증감 = 출생자 수 - 사망자 수 ± 인구이동

　▶ 인구이동　**a.** 국제 인구이동 : 이민

　　　　　　　 b. 국내 인구이동 : 전입, 전출

③ 우리나라에서 인구 증가율이 가장 큰 지역 : 수도권

　▶ 그 이유는?　자연증가 + 전입자 > 전출자

❓ 증가율이 가장 작은 곳은 어디일까?

인구 성장 모형
I~IV단계

2 인구 성장 모형 ★★★

① I단계 : 출생률과 사망률이 모두 높음 → 인구 증가가 크지 않음

　ex. 아프리카, 아시아, 라틴아메리카의 원주민 집단

② II단계 : 의학발달, 생활환경 개선 등으로 사망률 감소 → 인구 폭발

　ex. 아프리카, 아시아의 개발 도상국

③ III단계 : 여성의 사회참여, 가족계획으로 출생률 감소 → 인구증가 둔화

　ex. 몇몇 개발도상국 ❓ 어떤 국가들이 여기에 해당할까?

④ IV단계 : 출생률과 사망률이 모두 감소 - 인구 정체

　ex. 선진국

느낌!
우리나라는 3 → 4단계로
가는 중이겠지.

● **다시 한 번, 효과적인 노트필기법을 단계적으로 정리해봅시다.**

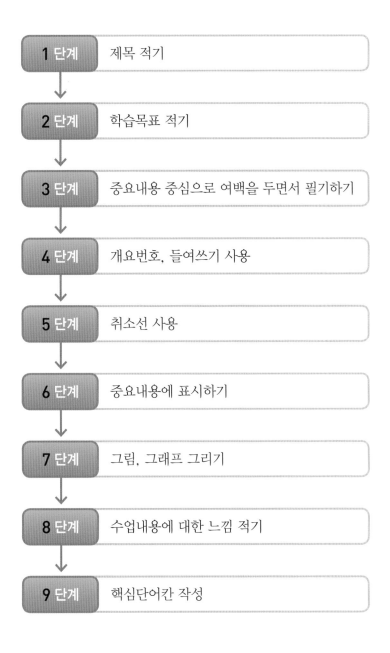

1 단계	제목 적기
2 단계	학습목표 적기
3 단계	중요내용 중심으로 여백을 두면서 필기하기
4 단계	개요번호, 들여쓰기 사용
5 단계	취소선 사용
6 단계	중요내용에 표시하기
7 단계	그림, 그래프 그리기
8 단계	수업내용에 대한 느낌 적기
9 단계	핵심단어칸 작성

노트 작성 연습

● **아래의 예문을 읽고 이해해봅시다.**

예문

브라만교와 카스트 제도

학습목표
고대인도의 독특한 신분제도와 종교의 특징을 알 수 있다.

1. 아리아인들의 정착
오늘날 인도인의 대부분은 아리아인으로, 이들은 원래 중앙 아시아의 초원지대에서 살았으나, 기원전 1500년 무렵에 인도에 정착하였다. 아리아인들은 철기문화를 바탕으로 농경과 목축 생활을 크게 발전시켰으며, 갠지스 강 유역을 중심으로 크고 작은 도시 국가를 건설하였다. 훗날 인도 문화에 큰 영향을 미친 브라만교와 카스트 제도가 형성된 것도 이 무렵의 일이다.

2. 브라만교와 카스트 제도의 형성
아리아인들은 하늘, 번개, 바람, 태양 등과 같은 자연현상에도 신이 깃들어 있다고 믿었다. 그들은 신이 인간의 생활에 큰 영향을 미친다고 믿어 신에 대한 제사를 중시하였다. 이에 따라 제사가 매우 성대하게 치러졌으며, 제사 의식도 점차 체계화되었다. 그리하여 제사를 주관하는 성직자(브라만)들을 중심으로 브라만교가 성립되었다. 성직자들은 제사 의식을 독점하면서 최고의 신분으로 자리를 잡아 왕족이나 장군과 함께 지배신분을 이루었다. 반면, 아리아인에게 정복당한 원주민들은 노예가 되어 평민보다도 천대받았다. 이렇게 엄격한 신분제도를 카스트 제도라고 하는데, 이는 오늘날까지도 인도 사회에 큰 영향을 미치고 있다.

3. 카스트 제도
다음은 고대 인도의 법전에 나오는 글로, 인도 신분제도의 특징이 잘 나타나있다. '신은 브라만에게 베다를 가르치고 배우며, 제사 지내는 일을 맡기셨다. 크샤트리아에게는 백성들을 보호하고 다스릴 것을, 바이샤에게는 농사를 짓고 짐승을 기를 것을 명령하셨다. 마지막으로 수드라에게는 다른 세 신분에 속한 사람들에게 봉사하는 임무를 명령하셨다'

출처 [중학교 사회]

● 읽은 내용을 노트로 정리해봅시다.

핵심단어칸   수업(본문)내용 정리칸

● **효과적인 노트법에 따라 필기하였는지, 옆 친구와 노트를 바꿔 점검해봅시다.**

> 스티커를 활용하여, 단계별로 확인합니다.

> 적용되지 못한 단계가 있다면, 그 이유에 대해 서로 이야기해 봅시다.

> 노트필기를 할 때, 앞으로 더 신경 써야 할 점은 무엇인가요?

노트를 활용한 복습법

수업시간을 통해 배운 내용들을 일목요연하게 정리한 노트는 시험 기간에 나만의 참고서가 되기도 하지만, 매일매일의 복습을 도와주는 역할을 하기도 합니다. 노트를 활용한 효과적인 복습방법에는 어떤 것이 있을까요?

1. 보충하기 | 배운 내용 정확히 기억하기

수업내용 정리칸과 핵심단어칸에 적힌 내용들을 집중해서 읽고, 제대로 이해하지 못했던 부분이 있다면 참고서나 친구들의 도움을 얻어서 이해하도록 합시다.

> ⬛⬛⬛⬛ 단어, 궁금한 내용을 찾아서 노트에 적는다.

> 중요하다고 생각되는 부분에 나만의 ⬛⬛⬛ 를 한다.

> ⬛⬛⬛⬛⬛ 칸을 한 번 더 정리한다.

2. 암송하기 | 배운 내용에 대한 기억 강화하기

배운 내용을 정리하고 이해하는 것만으로는 기억을 단단히 만들 수 없습니다. 암송은 기억을 가장 확실하게 해주는 방법으로, 제대로 기억한 내용과 기억하지 못한 부분을 정확하게 확인할 수 있도록 도와줍니다.

> ⬜⬜⬜⬜ ⬜⬜ 칸에 있는 내용을 2~3번 정독하면서, 중요한 내용들을 이해한다.

> 수업내용 정리칸은 가리고, 핵심단어칸은 보이게 한 다음, ⬜⬜ 하면서 외운 내용들을 확인한다.

✏️ 연습) **전 페이지에 작성한 노트 내용을 암송해 봅시다.**

노트필기 기술

★ **노트필기를 해야 하는 이유**

- 많은 학생들이 귀찮아하고 부담스러워하는 경우가 많지만 우리의 [ ][ ]에는 한계가 있고, 수업 중의 [ ][ ][ ]을 높여주기 때문에 꼭 필요합니다.

- 학년이 올라갈수록 소화해야 할 [ ][ ][ ][ ]이 더욱 많기 때문에 노트를 통한 수업내용 정리는 꼭 필요하며, 잘 정리된 노트는 [ ][ ][ ][ ]에 매우 훌륭한 시험 지침서 역할을 합니다.

★ **좋은 노트필기의 조건**

- 선생님이 적어주신 내용이 잘 정리되어 있는 것
- 복습하면서 내가 추가한 내용이 담겨 있는 것
- 선생님이 하신 농담, 수업 분위기를 함께 적은 것
- 중요한 것을 확실하게 표시한 것

★ **효과적인 노트법**

- 효과적인 노트의 구성은 [ ][ ][ ][ ][ ][ ]칸과 [ ][ ][ ][ ]칸으로 되어 있습니다.

- 수업내용 정리칸에는 수업을 들으면서 중요하다고 생각되는 부분을 개요번호와 들여쓰기를 사용하면서 필기합니다. 여백을 두고 틀린 내용에 취소선을 사용하고 중요한 부분에 따로 표시도 해야 합니다.

- 핵심단어칸은 수업내용 정리칸에서 '수업내용을 떠오를 수 있게 하는 힌트'가 되는 핵심단어를 찾아서 적습니다.

과 제

목표 과목을 노트에 필기하기

- 이번 한 주 동안 목표 과목을 하나 정해 필기하고, 복습에 활용해봅시다.

읽은 내용을 내 것으로 만드는
책읽기 방법

효과적인
책읽기 기술

많은 양의 읽을거리를 보게 되면 "이 많은 걸 언제 다 읽지?", "왜 이렇게 이해가 안 될까?", "책을 좀 빨리 읽을 수는 없을까?", "읽은 내용을 좀 더 잘 기억할 수는 없을까?"라는 고민을 하게 됩니다. 이런 고민은 학생이라면 누구나 한 번쯤 경험하는 것입니다.

공부할 때 가장 중요하고, 또 많은 시간을 투자하는 것이 바로 책읽기입니다. 학교 공부를 하고 시험을 잘 보기 위해서는 지루한 교과서를 읽고, 정리하고, 또 외우기까지 해야 합니다. 초등학교를 거쳐, 중학교, 고등학교, 대학교로 진학하게 되면서 혼자 알아서 공부해야 하는 시간이 점차적으로 늘어나고, 혼자 공부하는 시간의 상당 부분이 책읽기이기 때문에, 책읽기를 잘하는 것은 매우 중요합니다. 그러나 학생들은 더더욱 책 읽는 것, 특히 교과서 읽는 것을 싫어합니다. 바로 책읽기에 대한 오해 때문에 더 그렇습니다.

－ 책읽기란 단순히 글자를 읽는 기계적이고 지루한 작업이라는 오해와는 달리, 책에 있는 중요한 내용을 찾아서 나만의 지식으로 만드는 적극적이고 창의적인 작업입니다. 그러한 묘미를 알게 되면 책읽기를 두려워하지 않고 즐길 수 있게 됩니다. 이번 장에서는 어떻게 책을 읽는 것이 올바른 방법이며, 책을 잘 읽었을 때 우리가 얻을 수 있는 것들에는 무엇이 있는지에 대해서 알아보겠습니다.

★ 이번 시간에 배울 내용

- 책을 읽는 목적은 무엇일까?
- 책읽기 기술을 단계적으로 어떻게 적용할 수 있을까?
- 효과적인 책읽기 방식, PQ3R이란?

책읽기 체크리스트

- 다음은 책읽기 요령을 알아보기 위한 문항들입니다. 각 문항을 읽고 자신에게 가장 적합하다고 생각되는 곳의 해당 번호에 ∨표 하세요.

문 항	∨표
1. 책을 읽고 나면 요점이 무엇인지 파악할 수 있다.	
2. 본문을 읽기 전에 목차를 먼저 본다.	
3. 내용이 어려울 때는 더 천천히 읽는다.	
4. 중요한 부분에 밑줄을 치거나 따로 표시를 한다.	
5. 이해가 안 되면 여러 번 반복해서 읽는다.	
6. 표나 그림, 그래프를 빼놓지 않고 확인한다.	
7. 책을 다 읽고 나면 읽은 내용을 머릿속으로 정리한다.	
8. 나중에 보기 편하도록 이해한 내용을 노트나 책의 여백에 적는다.	

총 개수 :

- ∨표시한 문항의 개수를 세어보세요. 만약 4개 이하의 개수가 나왔다면, 이번 시간을 통해 자신이 부족했던 영역을 보완해 보세요.

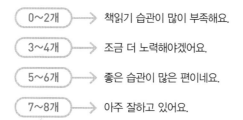

0~2개 → 책읽기 습관이 많이 부족해요.

3~4개 → 조금 더 노력해야겠어요.

5~6개 → 좋은 습관이 많은 편이네요.

7~8개 → 아주 잘하고 있어요.

자신의 책읽기 능력을
어느 정도라고 생각하나요?

● 어디에 해당하나요?

높음   보통   낮음

> 그 이유는 무엇인가요?

다음의 책은 어떤 방식으로
읽는 것이 좋을까요?

만화책

교과서

> 책은 읽는   에 따라 읽는   이 다릅니다.

책읽기 상식 퀴즈

● 아래에 제시된 그림을 보고, 주인공의 생각이 옳다고 생각되면 O, 아니면 X에 동그라미 하세요.

"제대로 책을 읽기 위해서는 책에 있는 모든 단어를 다 읽어야 한다."

[O , X]

"책읽기에서 제일 중요한 것은 '얼마나 많은 책을 읽느냐'이다."

[O , X]

"책은 한 번만 집중해서 읽으면 된다."

[O , X]

"책은 빨리 읽는 것이 중요하다."

[O , X]

"책은 깨끗이 봐야 한다."

[O , X]

책을 잘 읽는다는 것은... 책을 잘 읽으면...

간단한 책읽기 연습

● 30초 동안, 다음의 글을 읽고 핵심주제를 파악하세요.

start!

예문

문화를 바라보는 다양한 관점

사람이 살아가기 위해서는 많은 것들이 필요하다. 우선 기본적인 욕구를 해결하고 환경에 적응하려면 의식주, 교통 및 통신수단과 같은 물질적인 것이 있어야 한다. 그리고 사회 전체의 질서를 지키기 위해 가족, 정치, 경제, 법, 교육 등의 사회 제도를 마련해야 할 것이다. 또한 삶을 보다 풍요롭게 하기 위해서 학문, 종교, 예술 등의 활동을 하기도 한다. 이와 같이 한 사회의 구성원들이 가지고 있는 공통의 생활 모습 또는 행동 양식을 문화라고 한다.

인간은 여러 사회화 기관에서 다른 사람과의 상호작용을 통해 문화를 학습한다. 따라서 졸려서 하품을 하거나, 배가 고파서 먹는 행동 등은 본능적인 것이기 때문에 문화라고 하지 않는다. 한 사회의 문화는 말과 글을 통해서 한 세대에서 다음 세대로 계속 전달되면서 오랫동안 축적된다.

이렇듯, 인간이라면 누구나 음식을 먹고 언어를 사용하며 종교 및 예술활동을 한다. 이러한 인간의 공통적인 생활 모습으로 인하여 어느 사회에서나 보편적인 문화 현상이 나타난다. 하지만 각 사회의 구성원들은 주어진 특수한 환경과 상황에 적응하면서 나름의 생활 방식을 개발해왔다. 이와 같이 지역마다 생활모습이 다르기 때문에 문화는 다양하게 존재하는 것이다.

어느 사회에서든지 볼 수 있는 보편적인 생활 양식이 있지만 각 지역마다 다양한 생활모습이 나타나기 때문에 우리는 문화를 서로 비교할 수 있다. 각 사회의 문화를 서로 비교하여 공통점과 차이점을 명확히 구별하면 그 사회의 문화를 보다 잘 이해할 수 있다. 문화를 비교할 때 주의할 점은 문화 간에 우열을 가려서는 안 된다는 것이다. 각 사회의 다양한 문화는 고유의 가치와 의미를 가지고 있기 때문에 어떤 절대적인 기준에 의해 판단될 수 없다.

대부분의 사람들은 자신에게 익숙한 생활 모습이 옳고 좋은 것이며, 다른 사회의 낯선 생활 모습은 그르고 나쁜 것이라고 생각하는 경향이 있다. 이처럼 자신의 문화를 기준으로 삼아 다른 사회의 문화를 부정적으로 평가하고 자신이 속한 문화를 가장 우수하다고 믿는 태도를 자문화 중심주의라고 한다. 반대로 어떤 사람들은 다른 사회의 문화만을 가치 있는 것으로 여겨 자신이 속한 문화를 무시하거나 낮게 평가하기도 하는데 그러한 태도를 문화 사대주의라고 부른다.

stop!

자문화 중심주의나 문화 사대주의와 같이 문화의 다양성과 상대성을 인정하지 않는 태도로 문화 제국주의가 있다. 문화 제국주의란 사회가 그들의 문화를 다른 사회에 강요하는 것을 말한다. 오늘날 선진국이 영화나 음악, 음식 등 새로운 문화상품을 가지고 개발도상국에 진출하여 그 지역의 가치관과 생활 양식에 영향을 주는 것도 문화 제국주의라 할 수 있다.

한 사회의 문화는 독특한 자연환경과 사회적 상황에 맞게 발전해온 것이기 때문에 나름대로 가치와 의미가 있다. 따라서 어떤 문화가 더 좋고, 나쁘다는 평가를 내릴 수는 없다. 다양한 문화를 바르게 이해하기 위해서는 한 사회의 문화를 그 사회의 입장에서 바라보고 판단하려는 문화 상대주의적 태도가 필요하다.

출처 [중학교 사회]

● 위의 글을 가린 후, 이 글의 요지를 적어봅시다.

● 30초 안에 글 속의 핵심을 찾을 수 있었나요? 어떻게 하면 짧은 시간 내에 글의 핵심내용을 파악할 수 있을까요?

책읽기의 단계

책을 읽는다는 것은 그 안에 담겨 있는 지식들을 이해하고 기억하기 위한 과정을 의미합니다. 이를 달성하기 위해서는 전략이 필요하며, 이제까지 밝혀진 효과적인 책읽기 방식으로는 PQ3R이 있습니다.

● **아래 빈칸에 해당하는 단어를, 스티커에서 찾아 붙여봅시다.**

*방해단어에 속지 마세요!

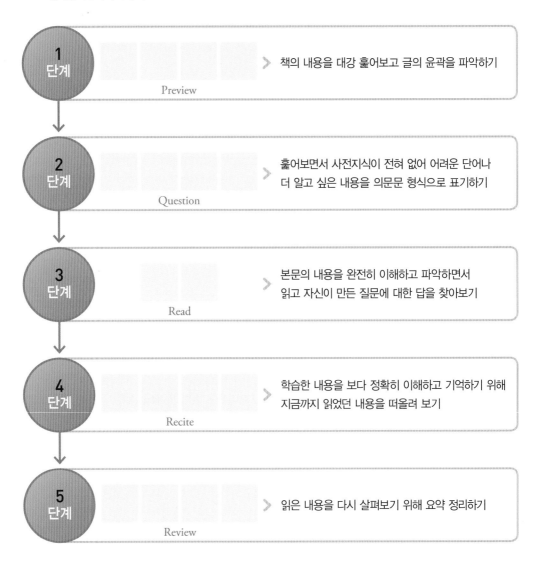

1단계   Preview   > 책의 내용을 대강 훑어보고 글의 윤곽을 파악하기

2단계   Question   > 훑어보면서 사전지식이 전혀 없어 어려운 단어나 더 알고 싶은 내용을 의문문 형식으로 표기하기

3단계   Read   > 본문의 내용을 완전히 이해하고 파악하면서 읽고 자신이 만든 질문에 대한 답을 찾아보기

4단계   Recite   > 학습한 내용을 보다 정확히 이해하고 기억하기 위해 지금까지 읽었던 내용을 떠올려 보기

5단계   Review   > 읽은 내용을 다시 살펴보기 위해 요약 정리하기

책읽기 1단계: 훑어보기 Preview

● 둘 중 누가 정상에 빨리 도착할까요?

● 교과서를 활용한 훑어보기 방법은 다음과 같습니다. 빈칸에 해당하는 단어들을 아래
상자에서 찾아 적어봅시다.

> 핵심단어, 목차, 본문, 그래프, 단원 소개, 제목, 그림, 지도, 탐
> 구문제, 추측, 이해, 암기, 알고 있던, 추측했던

> ⬚⬚⬚⬚, ⬚⬚, ⬚⬚ 등을 읽고, 전체적인 흐름을
⬚⬚ 해본다.

> ⬚⬚, ⬚⬚, ⬚⬚ 등을 간단히 살펴본다.

> 진하게 표시된 ⬚⬚⬚⬚를 읽어본다.

> 훑어보기 후에 ⬚⬚⬚⬚ 내용을 떠올린다.

책읽기 2단계 : 질문하기 Question

● 다음 중 어느 광고에 사람들이 더 흥미를 보일까요?

〈제품에 대한 길고 복잡한 설명〉

〈기계를 수중에서 작동하는 실험장면〉

● 책을 읽으며 질문을 만드는 세 가지 요령은 아래와 같습니다.

> 큰제목과 소제목을 ☐ ☐ ☐ 으로 만들기

> 단원 ☐ ☐ 나 학습 ☐ ☐ 를 읽으며 질문거리 만들기

> 훑어보기를 하며 자유롭게 질문거리 만들기

책읽기 연습 : 훑어보기 + 질문하기

● 앞에서 배운 내용을 떠올리며, 아래의 차례를 살펴봅니다. 궁금한 내용이나 잘 모르는 단어에는 나만의 표시(☆, ?)를 해봅시다.

차례

IV. 소화와 순환 138

V. 호흡과 배설 184

    1. 우리 몸에서 공기가 지나가는 길 186

    2. 숨쉬기 운동이 일어나는 방식 190

    3. 들숨과 날숨의 성분이 다른 이유 194

    4. 생물이 호흡하는 이유 198

    5. 흡연과 우리 몸의 건강 202

    6. 우리 몸에서 노폐물의 처리 과정 206

    7. 콩팥의 종류 212

'호흡과 배설' 단원소개

일상에서 벗어나 동경해왔던 높은 산이나 혹은 깊은 바다를 탐험하는 일은 상상만으로도 흥분되는 일이다. 그러나 우리가 생활해왔던 이 땅을 벗어날 때, 가장 먼저 부딪히는 문제는 숨을 쉬는 일이다. 그래서 높은 산을 등반하거나 바닷속을 즐기기 위해서는 공기통의 도움을 받아야 한다. 평소에 미처 의식하지 못하던 숨쉬기라는 일이 우리의 터전 밖에서는 그리 쉬운 일이 아닌 것이다. 숨을 쉰다는 것은 어떤 의미를 가지고 있을까?

> 이 책에는 어떤 내용이 있을 거라고 예상할 수 있을까요?

> 나만의 의문점을 만들어 봅시다. 가능한 한 창의적인 질문을 만들수록 좋습니다.

책읽기 3단계 : 읽기 Read

● 읽기의 목적과 요령은 다음과 같습니다. 퍼즐이 맞춰지면 완성된 그림을 볼 수 있듯이, 네 가지 전략을 적용하여 본문을 읽으면, 책의 전체 내용이 한눈에 보입니다.

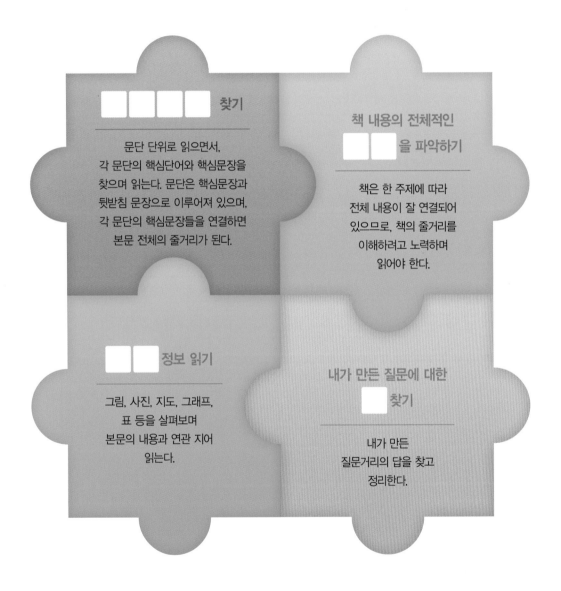

□□□□ 찾기

문단 단위로 읽으면서,
각 문단의 핵심단어와 핵심문장을
찾으며 읽는다. 문단은 핵심문장과
뒷받침 문장으로 이루어져 있으며,
각 문단의 핵심문장들을 연결하면
본문 전체의 줄거리가 된다.

책 내용의 전체적인
□□ 을 파악하기

책은 한 주제에 따라
전체 내용이 잘 연결되어
있으므로, 책의 줄거리를
이해하려고 노력하며
읽어야 한다.

□□ 정보 읽기

그림, 사진, 지도, 그래프,
표 등을 살펴보며
본문의 내용과 연관 지어
읽는다.

내가 만든 질문에 대한
□ 찾기

내가 만든
질문거리의 답을 찾고
정리한다.

책읽기 연습 : 읽기

● 꼭꼭 숨어있는 핵심단어를 찾아, 각 문단별로 표시해봅시다.

예문

5. 흡연과 우리 몸의 건강

대부분의 나라에서 강력한 금연 정책을 펼치고 있을 만큼 담배로 인한 피해가 심각한데도 여전히 많은 사람들이 담배를 피우는 이유는 무엇일까? 또한 어떻게 하면 흡연율을 줄일 수 있을까?

1. 담배는 왜 해로운가?

담배 안에는 여러 가지 독성물질이 포함되어 있다. 원래 담배를 만들 때 재료로 사용된 식물에 포함된 것에서부터 담배를 제조할 때 첨가된 화학물질, 그리고 담배가 될 때 만들어지는 화학물질까지 매우 다양하다. 담배 안에 들어있는 독성 물질 중에는 비록 적은 양이지만, 해충이나 잡초를 죽일 때 사용하는 독극물도 있고, 사체의 부패를 막는 데 사용되는 성분, 그리고 심지어는 인체에 치명적인 위해를 주는 독가스 성분도 들어있다. 담배를 태울 때 발생하는 수천 가지의 해로운 성분 중에서 타르와 니코틴, 일산화탄소 등은 사람에게 해로움을 주는 대표적인 물질들이다.

2. 담배 연기는 특히 호흡기에 치명적인 손상을 유발한다.

우리 몸에서 호흡기는 공기 중에 직접 노출되기 때문에 쉽게 감염되거나 손상될 수 있는 부위이다. 특히, 요즘에는 대기 오염이나 각종 병원성 세균, 바이러스 등에 의해 호흡기 관련 질환이 증가하고 있다. 흡연자의 호흡기는 담배 연기가 직접 지나는 통로이므로 그 유해 성분으로 인해 심각한 손상을 입게 된다. 타르와 니코틴 등의 물질은 섬모나 점막, 기관지나 폐포 등을 손상시켜 호흡기의 정상적인 기능을 방해할 뿐만 아니라 폐암이나, 폐렴, 천식 등의 호흡기 질병을 유발한다.

흡연은 호흡기 외에도 위암, 자궁경부암, 후두암, 췌장암 등 다양한 암 발생의 주요 원인이 되며, 동맥경화증, 뇌혈관질환 등을 유발하는 원인이 되기도 한다. 특히, 청소년기에 흡연을 시작할 경우, 아직 정신적으로나 신체적으로 미성숙한 상태에서 담배 안의 발암 물질 및 유해 화학물질에 노출되기 때문에 중독되기 쉬우며 건강에 심각한 악영향을 받을 수 있다.

3. 흡연은 흡연자만의 문제가 아니다.

담배가 흡연자에게만 피해를 주는 것은 아니다. 타고 있는 담배에서 생기는 연기나 흡연자가 내뿜는 담배 연기는 주변의 사람에게도 심각한 문제를 일으킨다. 담배 연기가 공기, 특히 밀폐된 실내 공기를 오염시키면 주변 사람들이 이것을 마시게 되어 흡연자나 비흡연자 모두가 해로운 영향을 받는다. 실제로 부모의 흡연으로 자녀의 호흡기가 손상되거나 남편이 피운 담배에 아내가 폐암으로 죽는 일이 생기기도 한다. 그래서 세계 각국에서는 공공장소에서의 흡연을 금지하였고 이를 점차 확대하고 있다. 또한, 담배 관련 경고 문구의 강화, 금연 구역의 확대, 금연 캠페인 전개 등의 활동을 강화한 결과 흡연 인구는 점차 줄어들고 있다.

출처 [중학교 사회]

> 찾은 핵심단어를 이용하여 핵심문장을 만들어봅시다.

책읽기 4단계 : 암송하기 Recite

책을 읽고 있을 때는 그 책을 잘 이해하고 있고 앞으로도 전부 기억할 것 같은 느낌이 들지만, 사실은 그렇지 못합니다. 방금 전 읽은 내용을 잘 알고 있는지를 확인하기 위해서는 그 내용을 암송하는 것이 효과적입니다.

● **암송하는 방법은 다음과 같습니다.**

> 책을 덮고, 읽은 내용을 ⬜⬜ 로 표현해보는 것

책읽기 5단계 : 복습하기 Review

인간의 기억력에는 한계가 있기 때문에, 이미 읽고 배웠던 내용이라도 일정한 간격을 두고 반복적으로 복습하는 것이 공부에 효과적입니다.

● **복습하는 방법은 다음과 같습니다.**

> 복습은 일정 ⬜⬜ 을 두고 읽은 내용을 확인하는 것

책은 한 번만 읽어서는 기억할 수 없으므로,
복습을 통해 다시 한 번 읽을 필요가 있습니다.
책을 다시 읽을 때는 보통, 처음 읽은 시간의 반도 걸리지 않습니다.

책읽기 연습 : 암송하기 + 복습하기

● 앞에서 정리한 내용을 자기 말로 간단히 표현해보세요.

● 앞에서 정리한 내용과 비교해서, 얼마나 암송할 수 있었나요? 제대로 기억나지 않으면, 다시 책을 펴고 그 부분을 점검해봅시다.

● 책을 통해 습득한 지식을 장기간 기억하기 위해 복습계획을 세워봅시다.

효과적인 책읽기 기술

★ **책읽기의 핵심은 앞서 본 PQ3R의 절차입니다. 아래 빈칸을 채워봅시다.**

1 단계 **P :** ☐☐☐☐ **>**
- 책을 읽기 전에 책읽는 목적 생각하기
- 머리말을 읽어보면서 지은이가 이 책을 쓴 이유에 대해서 생각해보기
- 전반적으로 책을 가볍게 훑으면서 책에 있는 내용들을 파악

2 단계 **Q :** ☐☐☐☐☐ **>**
- 책을 훑어보면서 모르는 단어나 내용이 있다면 질문하기
- 책에 대해서 스스로 의문점 만들기

3 단계 **R :** ☐☐ **>**
- 핵심단어를 찾으면서 읽고, 찾은 핵심단어 들을 연결하여 전체 흐름(주제)을 만들어보기
- 책에 있는 그림, 사진, 그래프 등과 본문 내용을 관련지으면서 읽어보기

4 단계 **R :** ☐☐☐☐☐ **>**
- 책을 덮고, 방금 전 읽은 내용을 머릿속에 떠올려보기
- 생각나지 않는 내용은 책을 펴고 잠깐 확인한 후 다시 떠올려보기

5 단계 **R :** ☐☐☐☐ **>**
- 읽고 암송한 내용을 정리, 기록, 복습하기

과 제

교과서를 한 권 골라서, 아래의 순서에 맞게 기록하면서 읽어봅시다.

훑어보기 Preview	· 내가 책을 읽는 이유는? · 책의 전체적인 내용은?
질문하기 Question	· 궁금하거나 잘 모르는 내용은?
읽기 Read	· 본문의 중심내용은? · 내가 만든 의문점의 답은?
암송하기 Recite	· 본문의 중심내용을 요약하면? · 책을 덮고, 이해한 내용을 암송해봅시다.
복습하기 Review	· 관련 문제를 풀어봅시다.

3

습관만 바꿔도
기억력이 높아진다!

기억력 향상 전략

다음은 한 여학생의 고민 상담글입니다.

" 저는 중학교 3학년인데요...저는 암기 과목을 원래부터 못하진 않았어요. 중학교 1학년 때는 그래도
암기과목이 평균 점수는 나왔는데요. 중2를 지나 중3이 되면서 자꾸 점수가 떨어져요.
왜 그렇게 암기에 약한지 모르겠어요...다른 아이들은 모두 쉽다 하는 그 암기과목을요. 아무리 외워도
시험을 보면 다 잊어버려요. 시험공부를 하면서 분명히 읽은 것이어서, 어디에 나온다는 것까지 기억이
나는데도 정확한 내용이 기억나질 않아요. 심지어는 시험 보기 바로 직전에 본 단어까지 잊어버리는 일
이 십상이에요. 국사나 과학이나 도덕 같은 과목에서 점수를 너무 많이 깎아 먹어서 속상해요. 저도 암
기 잘하고 싶은데...마음처럼 잘되지 않아요. 암기를 잘하는 그런 방법은 없을까요? "

여러분도 한 번쯤 이런 고민을 해 본 적이 있나요?
분명히 본 것 같은데 기억이 나지 않고, 방금 봤는데도 정확한 단어나 뜻이 기억나지 않을 경우, 우리들
대부분은 '내 머리가 나쁘다' 혹은 '나는 원래 안 된다'라는 생각을 가지고 포기하는 경우가 참 많습니
다.

─ 하지만 기억을 잘하기 위한 방법은 분명히 있습니다. 이번 장에서는 기억이란 무엇이고, 어떻게
공부해야 기억력을 높일 수 있는지에 대해서 알아보겠습니다.

★ 이번 시간에 배울 내용

• 기억이란? 　　　　　　　　　　　　　　　• 배운 내용을 망각하게 되는 이유는 무엇인가?
• 효과적인 기억의 5단계란?

기억 습관 체크리스트

● **각 항목을 읽고 자신에게 해당되는 번호에 ∨표 하세요.**

문 항	∨표
1. 한 번에 몰아서 공부하기보다 조금씩 자주 공부하는 편이다.	
2. 암기 과목은 그날그날 복습한다.	
3. 외워야 할 내용이 있으면 먼저 요약해 본다.	
4. 공부한 내용이 시험에서도 잘 기억난다.	
5. 무작정 외우기보다는 먼저 이해하려고 노력한다.	
6. 공부할 때 제대로 외워졌는지 눈을 감고 떠올려 본다.	
7. 등 · 하굣길에도 영어 단어나 수학 공식을 암기한다.	
8. 나만의 효과적인 기억 방법을 가지고 있다.	

총 개수 :

● **∨ 표시한 문항의 개수를 세어보세요. 만약 4개 이하의 개수가 나왔다면, 이번 시간을 통해 자신이 부족했던 영역을 보완해보세요.**

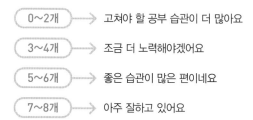

0~2개 ➝ 고쳐야 할 공부 습관이 더 많아요

3~4개 ➝ 조금 더 노력해야겠어요

5~6개 ➝ 좋은 습관이 많은 편이네요

7~8개 ➝ 아주 잘하고 있어요

기억이 잘될 때 vs 안될 때

● 기억이 잘되는 상황과 그렇지 않은 상황에 대해서 정리해봅시다.

기억이 잘될 때

기억이 안될 때

● 둘 간에는 어떤 차이가 있을까요?

기억력 TEST!

● 당신은 탐정입니다. 아래의 그림을 30초간 본 후 다음 문제를 해결하세요.

> 도둑이 물건을 훔쳐갔습니다. 가져간 물건들은 무엇입니까?

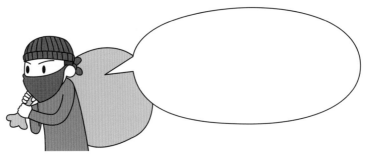

> 얼마나 찾았나요? 방금 본 장면인데도, 왜 모두 기억나지 않는 걸까요?

기억이란?

● **기억의 과정**

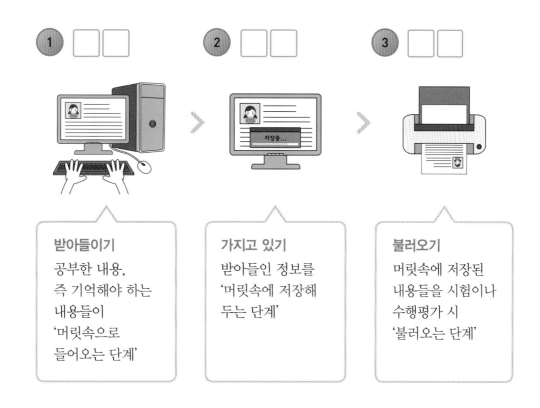

① 받아들이기

공부한 내용,
즉 기억해야 하는
내용들이
'머릿속으로
들어오는 단계'

② 가지고 있기

받아들인 정보를
'머릿속에 저장해
두는 단계'

③ 불러오기

머릿속에 저장된
내용들을 시험이나
수행평가 시
'불러오는 단계'

● **기억의 정의**

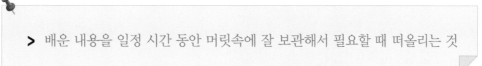

> 배운 내용을 일정 시간 동안 머릿속에 잘 보관해서 필요할 때 떠올리는 것

기억의 종류

공부를 하다 보면 영어 단어나 한자와 같이 기억하려고 노력했음에도 불구하고 짧은 시간 안에 쉽게 잊어버리게 되는 것이 있는 반면에, 지금 사용하고 있는 한글의 어휘처럼 잊혀지지 않는 것이 있습니다. 이러한 현상은 기억이 하나의 과정을 따라 일어나며 그 종류가 다르기 때문인데요, 기억의 종류에는 어떤 것들이 있는지 자세히 알아봅시다.

단기기억

● **선생님이 부르는 단어를 잘 듣고, 기억나는 대로 아래 빈칸에 적어봅시다.**

● **단기기억은 다음과 같은 특징이 있습니다.**

> 보통   초 정도 기억되고

   　　　　　 개의 단위로 기억된다.

장기기억

인간에게 단기기억만 존재했다면 어떻게 되었을까요? 다행히도 우리에게는 장기기억이 있어 많은 정보들을 머릿속에 저장하고 필요할 때 언제든지 떠올릴 수 있습니다.

● **그렇다면 장기기억은 어떤 특징을 갖고 있을까요?**

> 기억 용량이 ▨▨▨ 하고

　　　　▨▨▨▨ 기억된다.

● **장기기억의 예를 들어봅시다.**

기억의 한계

● **기억이 잘 나지 않는 이유**

심리학 연구 결과에 따르면 한 번 학습한 내용은 10분 후부터 망각되기 시작하며,
1시간 뒤에는 _____ %가, 하루 뒤에는 약 _____ %를 망각하게 된다고
합니다.

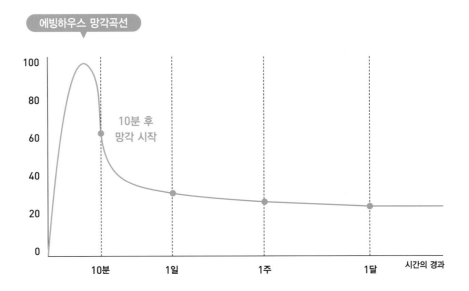

아무리 열심히 집중해서 들은 내용일지라도 ___ 시간이 지나면
약 ___ % 정도만 기억나게 된다.
따라서 공부한 것을 잊어버리는 것은 당연한 것이다.

● **기억을 잘한다는 것은?**

앞서 실험에서 살펴보았듯이 시간에 따라 인간이 잊어버리는 속도는 정말 빠르게 일어납니다. 우리의 기억력이 이 정도밖에 안 된다는 사실에 실망할 수도 있는데요, 그러나 공부한 내용을 잊어버리기 전에 여러 가지 전략을 사용한다면 망각률을 낮출 수 있습니다. 그중 가장 기본적인 방법이 바로 '반복'입니다.

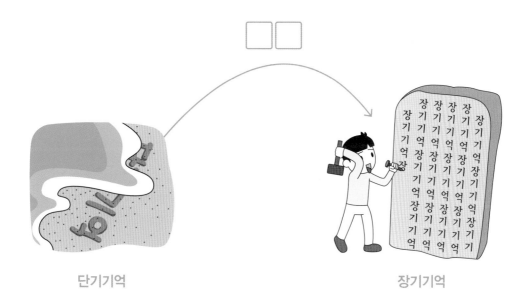

단기기억   장기기억

기억의 효율을 높이는 5단계

앞서 기억을 잘하기 위해서는 여러 번 반복해야 한다는 것을 설명했습니다. 그러나 무작정 반복만 하는 것은 효율적이지 못한 공부방법입니다. 아래와 같이 5단계를 거쳐 공부하게 되면 많은 내용을 정확히 기억할 수 있습니다.

● **각 단계에 해당하는 단어를, 스티커에서 찾아 붙여봅시다.**

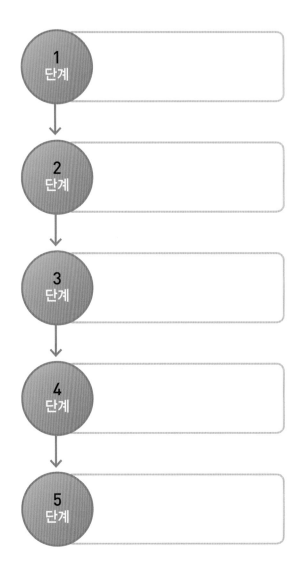

☞ 1단계 : ☐☐하기   **"들어오지 않으면 나갈 것도 없어요!"**

기억력을 향상시키는 가장 첫 번째 단계는 '집중하기'입니다. 집중은 모든 학습에서 기본이 되는 요소입니다.

● **선생님이 부르는 문제를 잘 듣고, 그 답을 아래 빈칸에 적어봅시다.**

> 질문에 제대로 답을 할 수 있었나요? 그렇지 않았다면, 그 이유는 무엇인가요?

● **기억에서 집중이 중요한 이유?**

● **효과적인 집중전략 Tip 5가지**

	전혀 사용하지 않는다 ───── 자주 사용한다
1. 뚜렷한 목표 수립	1 - 2 - 3 - 4 - 5
2. 우선순위와 골든타임을 고려한 시간계획 세우기	1 - 2 - 3 - 4 - 5
3. 자신의 집중길이를 고려한 시간계획 세우기	1 - 2 - 3 - 4 - 5
4. 수면과 컨디션 조절	1 - 2 - 3 - 4 - 5
5. 공부환경 정리하기	1 - 2 - 3 - 4 - 5
★ 나만의 전략 :	1 - 2 - 3 - 4 - 5

> 앞으로 내가 더 신경 써서 사용해야 할 집중전략은 어떤 것인가요?

✋ **2단계 :** ☐☐ **하기**

많은 친구들이 암기과목을 공부할 때 교과서를 여러 번 읽는다거나 책에 줄을 치면서 외웁니다. 하지만 그 내용에 대해 충분히 이해하지 못한 채 무작정 외우는 것은 가장 비효율적인 공부방법입니다.

● **다음의 문장들을 평소 공부하듯 외워봅시다(제한시간 1분).**

> 먼저 물건들을 여러 종류로 구분한다. 기계가 없을 때는 다른 곳으로 가야 하지만 기계가 있다면 준비는 거의 다 된 것이다. 한 번에 너무 많이 하는 것보다는 한 번에 좀 적다고 생각될 정도로 하는 것이 더 낫다. 처음 이 일을 시작할 때는 이런 절차가 복잡해 보일 수도 있지만 곧 생활의 일부가 될 것이다. 이 절차가 끝나면 물건들을 여러 종류로 나누어서 정돈한다. 그 다음에는 물건들을 적절한 장소에 집어넣는다. 이 물건들은 결국 다시 한 번 사용되고, 사용된 다음에는 이 절차가 다시 반복된다.

> 위 지문을 가리고 생각나는 대로 외워봅시다. 얼마나 기억할 수 있나요?

> 위 글의 주제는 　　　　　입니다. 다시 한 번 외워봅시다. 더 많이 떠오르나요?

● **기억에서 이해가 중요한 이유?**

● **이해가 되었다는 것은 어떻게 알 수 있을까?**

> 내용을 다 보고 난 후 '아하' 하는 　　　　이 온다.

> 책을 덮고 대략의 내용을 　　　　　로 설명할 수 있다.

> 　　　　　　를 뽑아낼 수 있다.

> 　를 들어 설명할 수 있다.

✋ 3단계 : ☐☐ 하기   **"마구잡이로 섞어 놓으면 찾아낼 수 없어요!"**

전체 내용 중 가장 핵심적인 부분만 정리하는 것을 요약이라고 합니다. 요약이 왜 중요하고 어떻게 하는 것인지 살펴봅시다.

● **다음 중 원하는 것을 찾기 쉬운 방은 어디일까요? 그 이유도 생각해봅시다.**

 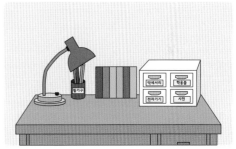

● **요약이 중요한 이유**

● **요약하는 방법**

> 교과서 ☐☐☐ 활용하기

> 교과서 ☐☐☐☐☐☐ , ☐☐☐☐☐☐☐ 활용하기

> ☐☐☐ 활용하기

> 나만의 요약방법 :

✋ 4단계 : ☐☐하기   "망각을 이기는 반복의 힘!"

앞에서 설명하였듯이 내용을 100% 암기했다 하더라도 하루가 지나면 그 기억 중 50% 정도는 잊어버리게 됩니다. 이런 '망각'현상을 막을 수 있는 최선의 방법은 반복입니다.

● **반복의 효과**

한 번만 공부하고 끝내는 것은 전혀 공부하지 않은 것과 큰 차이가 없습니다. 에빙하우스의 실험에서 발견한 또 한 가지 중요한 사실은 반복의 중요성이었는데요. 주기적으로 반복해줄 때마다 기억이 유지되는 양이 많아지는 것을 알 수 있습니다.

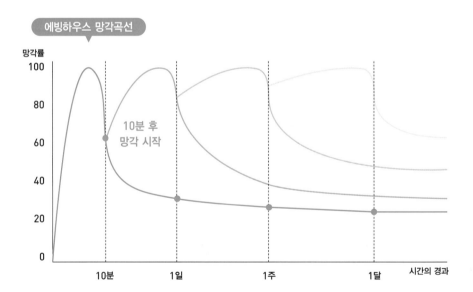

● **적당한 반복의 시기**

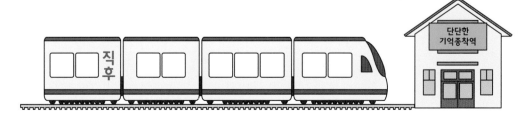

✋ 5단계 : ☐☐☐ 사용하기   **"잘 외워지지 않는 내용은 이렇게 해보자!"**

과학시간 원소기호나 조선시대 왕의 이름을 순서대로 외울 때 잘 외워지지 않아 어려움을 겪었던 경험이 있나요? 때로는 외워야 할 것들을 노래나 재미있는 문장으로 바꾸어서 기억하는 방법을 사용해보기도 했을 것입니다. 기억술은 이처럼 외국어로 된 낯선 단어들이나, 문법규칙, 철자법 등과 같이 난해한 자료를 학습하고 회상하는 데 도움을 주는 장치라고 할 수 있습니다.

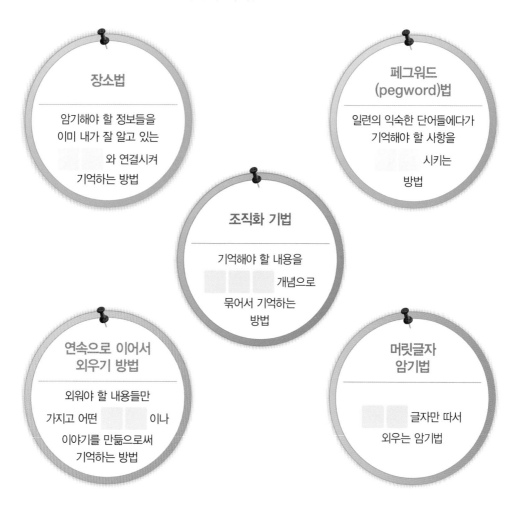

장소법
암기해야 할 정보들을 이미 내가 잘 알고 있는 ☐☐☐ 와 연결시켜 기억하는 방법

페그워드 (pegword)법
일련의 익숙한 단어들에다가 기억해야 할 사항을 ☐☐ 시키는 방법

조직화 기법
기억해야 할 내용을 ☐☐☐ 개념으로 묶어서 기억하는 방법

연속으로 이어서 외우기 방법
외워야 할 내용들만 가지고 어떤 ☐☐ 이나 이야기를 만듦으로써 기억하는 방법

머릿글자 암기법
☐☐ 글자만 따서 외우는 암기법

★ 더 자세한 내용은 다음 "기억술의 이해와 적용" 시간에 알아보도록 합시다!

65

실전연습

● **앞에서 배운 '기억의 5단계'를 적용하면서 주어진 지문을 공부해봅시다.**

> 조선 시대에는 신분제도가 매우 엄격하여서 양반, 중인, 상민, 천민으로 구분되어 있었다. 양반들은 백성들을 지배하는 상류 계급으로 유학을 공부하고 과거 시험을 통하여 관리가 된 후에 나라를 다스리는 데 참여하였다. 중인은 양반보다 낮은 신분으로 의학, 기술 등에 뛰어난 재주가 있는 사람들로 대개 양반을 도와 관청 등에서 일을 하였다. 상민은 백성들의 대부분을 이루는 사람들로 주로 농사를 지었으며 수공업, 상업 등을 하기도 하였다. 세금을 내야 했고, 군대에 가야 했으며 교육을 받을 기회가 거의 없어서 벼슬을 할 수 있는 기회는 막혀 있었다. 천민은 양반집이나 관청 등에서 종이나 노비로 일을 하였고, 갖바치, 백정 등 험한 일을 주로 하여 향, 소, 부곡 등에서 따로 모여 사는 경우가 많았다.

☝ 1단계 : 집중하기

위의 지문을 읽는 동안 얼마나 집중력을 발휘하였나요?　　　　❯ ＿＿＿＿＿ %

☝ 2단계 : 이해하기

내가 이해했다는 걸 어떻게 알 수 있을까요? 다음을 모두 체크할 수 있어야 이해했다고 볼 수 있습니다.

❯ 모르는 단어나 문장은 없었나요?　　　　　　　　　[예 , 아니요]

❯ 친구에게 설명해줄 수 있나요?　　　　　　　　　　[예 , 아니요]

❯ 머릿속으로 '아하!' 하는 느낌이 들었나요?　　　　　[예 , 아니요]

3단계 : 요약하기

● **요약하는 방법**

☑ 핵심단어에 동그라미를 쳐보세요.

☑ 중요한 문장에 줄을 긋고 번호를 붙여보세요.

☑ 위의 내용을 노트에 옮겨 적어보세요.

✋ 4단계 : 반복하기

노트필기 기술 시간에 배운 '노트를 이용한 복습법'을 적용하여 반복학습을 해봅시다.

✋ 5단계 : 기억술 사용하기

이상의 내용을 자신이 알고 있는 기억술을 총동원하여 암기해봅시다.

*기억술은 다음 회에 자세히 다루겠습니다.

기억력 향상 전략

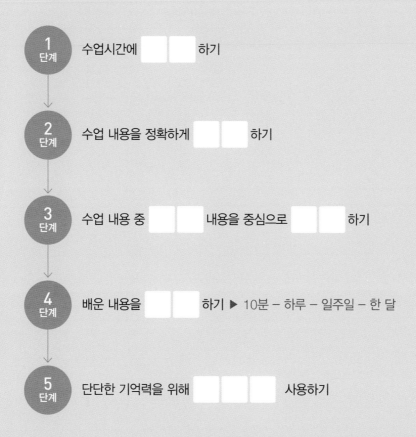

1단계 수업시간에 ☐☐ 하기

2단계 수업 내용을 정확하게 ☐☐ 하기

3단계 수업 내용 중 ☐☐ 내용을 중심으로 ☐☐ 하기

4단계 배운 내용을 ☐☐ 하기 ▶ 10분 – 하루 – 일주일 – 한 달

5단계 단단한 기억력을 위해 ☐☐☐ 사용하기

과제

기억의 단계를 적용하여 암기과목 공부하기

– 오늘 배운 기억의 단계를 적용하여 암기과목을 공부해봅시다.

▶ 내가 공부한 과목은?

▶ 어떤 방법으로 공부해보았나요?

▶ '기억의 5단계'를 적용하여 공부해본 소감은?

4

암기의 달인이 되는 방법

기억술의
이해와 적용

근석이는 평소 사회, 국사 과목을 무척이나 싫어하는 학생입니다. 그래서인지 시험이 얼마 남지 않았음에도 불구하고 사회, 국사 과목은 아예 공부를 시작하지도 않았습니다. 그러다가 시험이 이틀 앞으로 다가오자 갑자기 불안해진 근석이는, 최소한의 점수라도 맞기 위해서 '무조건 달달 외우면서 공부'하기 시작했습니다. 막상 달달 외우다 보니 시험 범위 내용을 대략 다 외우게 되었고, 시험에 대해서도 어느 정도 자신감이 생기게 되었습니다.

하지만 막상 시험지를 받아들자 달달 외웠던 내용들은 아무짝에도 쓸모없게 되었습니다. 시험 문제가 단순한 사실을 묻는 것이 아니라, 사건의 전개를 이해해야 답을 알 수 있는 문제였기 때문이었습니다. 근석이는 이틀간의 노력이 허탈하기도 하고, 이 방법은 아닌 것 같기도 하고... 갑자기 심각한 고민에 빠지게 되었습니다.

근석이의 벼락치기 전략인 달달 외우기 방법, 정말 효과가 없는 것일까요?

─ 네, 그렇습니다. 시험을 앞두고 흔히 쓰는 방법인, '무조건 외우기', '달달 암기하기'는 기억의 특성에 비춰보면 전혀 효율적이지 못한 방법입니다. 오히려 내용을 이해하고 나서 암기하는 경우보다 시간이 훨씬 더 많이 걸리는 단점도 가지고 있습니다. 그 이유는, 아무런 의미가 없는 숫자인 92581204보다는 내 생년월일이라는 의미를 갖는 19900521이라는 숫자가 더 잘 외워지기 때문입니다. 즉, 의미 없는 것을 기억하는 것 혹은 이해하지 못한 내용을 기억하는 것은 무척이나 어려운 일입니다.

기억의 특성을 잘 알고 이를 실제 암기에 적용하는 것이 중요합니다. 여기에 기억의 기술(기억술)까지 겸비한다면 그 효과는 더욱 커질 것입니다. 이번 시간에는 효과적인 기억술에 대해 배우고 연습하도록 하겠습니다.

★ 이번 시간에 배울 내용

- 기억술이란?
- 기억술에는 어떤 것들이 있나?
- 기억술을 어떻게 적용할 수 있을까?

기억술 체크리스트

● 아래에는 기억을 향상시킬 수 있는 방법들(기억술)이 간단히 소개되어 있습니다.
자신이 평소에 자주 사용하는 방법이 있으면 ∨표 하세요.

문 항	∨표
1. 기억을 잘하기 위해, 암기하기 전에 먼저 내용을 이해하려고 노력한다.	
2. 기억을 잘하기 위해, 같은 내용을 여러 번 읽고 되풀이한다.	
3. 기억을 잘하기 위해, 비슷한 범주의 내용들을 묶어본다.	
4. 기억을 잘하기 위해, 그 내용을 머릿속에 그려보거나 실제 이미지로 만들어본다.	
5. 기억을 잘하기 위해, 친숙한 리듬을 이용하여 마치 노래처럼 만들어본다.	
6. 기억을 잘하기 위해, 기억해야 할 내용의 첫 글자들만 합쳐 의미 있는 말이나 문장을 만들어본다.	
7. 기억을 잘하기 위해, 기억해야 할 내용을 내가 이미 알고 있는 내용과 연결시켜 본다.	
8. 기억을 잘하기 위해, 내용들을 나만의 그래프나 표로 정리해 본다.	

총 개수 :

● ∨ 표시한 문항의 개수를 세어보세요. 만약 3개 이하의 개수가 나왔다면, 이번 시간을
통해 자신이 부족했던 영역을 보완해보세요.

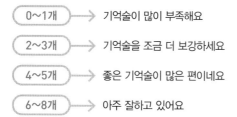

(0~1개) ⟶ 기억술이 많이 부족해요

(2~3개) ⟶ 기억술을 조금 더 보강하세요

(4~5개) ⟶ 좋은 기억술이 많은 편이네요

(6~8개) ⟶ 아주 잘하고 있어요

나는 평소 어떤 기억의 기술을 사용하고 있나요?

여러분은 평상시 특정 내용(예: 영어 단어, 한문, 수학공식, 시·소설 등 문학작품, 역사적 사실 등)을 기억하기 위해 어떤 기억의 기술들을 사용하고 있나요?

● **아래의 빈칸에 자신이 자주 사용하는 학습내용별 기억의 기술을 적어보고, 그 방법이 얼마나 효과적이었는지 점수로 매겨봅시다.**

1점	공부해도 거의 기억나지 않음
2점	시험 때 잊어버리는 게 많음
3점	공부한 만큼 잘 기억됨

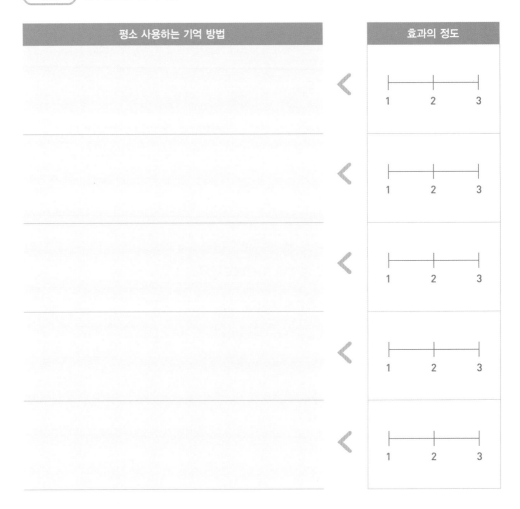

기억의 기술이란?

● **기억술(mnemonics)이란?**

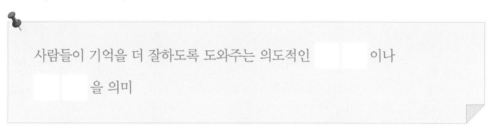

사람들이 기억을 더 잘하도록 도와주는 의도적인 [   ]이나

[   ]을 의미

> 기억술이란 기억의 기술(skill) 혹은 전략(strategy)으로, 학습해야 할 내용이나
> 자료를 보다 효과적으로 기억하고 회상하는 데 도움을 주는
> 일종의 [   ]입니다.

> 외워야 할 내용에 뭔가
> [   ] 요소가 있으면
> 그 내용을 기억하기가
> 훨씬 쉬워집니다.

> 일반적으로, 기억술을 사용하게 되면 그냥 단순하게 암기하는 것보다는 시간이
> 더 많이 걸릴 수 있지만, 장기적인 안목으로 봤을 때 기억해야 할 내용을 보다
> 효율적으로 암기할 수 있고, 암기한 내용이 더 [   ] 기억됩니다.

기억술의 실제

☝ 심상법 1 : 장소법

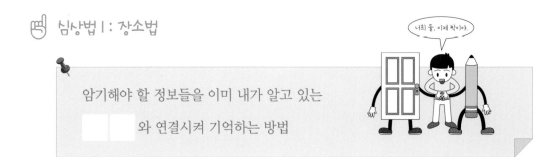

암기해야 할 정보들을 이미 내가 알고 있는 ☐☐ 와 연결시켜 기억하는 방법

> 여러 개의 단어들을 외워야 할 때, 각각의 단어들을 친근한 장소와 짝짓는 방법입니다.

> 장소와 단어들을 연결시켜 놓으면, 나중에 그 단어들을 기억해낼 때, 마음속에서 그 장소를 걸으면서 그 장소에 연결되어 있는 단어들을 찾아내면 됩니다.

✎ 연습문제) **다음의 단어들을 장소법을 사용하여 기억해보세요.**

김밥, 휴대폰, 건포도, 구두, 송아지, 액자, 명함, 반지, 핸드로션

심상법II : 페그워드(pegword)법

일련의 익숙한 단어들에다가 기억해야 할

사항을 ☐☐ 시키는 방법

> 'peg'라는 단어의 뜻은 '말뚝'을 의미하며, 이에 페그워드법 혹은 말뚝법이라 합니다.

> 말뚝 역할을 하는 일련의 익숙한 단어들에다가 기억해야 할 사항을 결합시키는 방법으로, 말뚝 역할을 하는 단어들만 기억해 내면 거기에 결합되어 있는 내용들이 자연스럽게 기억되는 효과가 있습니다.

> 1에서 10까지의 숫자와 운율이 맞는 말뚝 단어를 먼저 익혀둡니다. 그런 다음, 기억해야 할 단어들을 말뚝 단어와 연결시켜 독특한 이미지를 만들어냅니다.

ex

말뚝 단어	기억해야 할 단어	연결하기
1이면 일기장	나비	일기장에 나비를 그리고
2면 이발소	웃음	이발소에서 사람들이 웃음짓고
3이면 삼거리	친구	삼거리에서 친구를 기다리고
4면 사다리	무지개	사다리에 무지개가 걸쳐 있고
5면 오징어	바다	오징어는 바다에 살고
6이면 육개장	선생님	육개장을 선생님이 드시고
7이면 칠면조	여름	칠면조가 여름이라 땀을 흘리고
8이면 팔씨름	승리	팔씨름해서 승리하고
9면 구더기	청소	구더기 나올까 봐 청소하고
10이면 십자수	옷	십자수로 옷을 장식했다.

연습문제) 기억해야 할 단어들을 아래 말뚝 단어들에 연결시켜 봅시다.

기억해야 할 단어

안경, 버스, 스카프, 장갑, 의자, 현미경, 개구리, 스웨터, 괘종시계, 밀가루

❶ 일기장   안경

❷ 이발소   버스

❸ 삼거리   스카프

❹ 사다리   장갑

❺ 오징어   의자

❻ 육개장   현미경

❼ 칠면조   개구리

❽ 팔씨름   스웨터

❾ 구더기   괘종시계

❿ 십자수   밀가루

✋ 조직화 기법

기억해야 할 내용을
개념으로 묶어서 기억하는 방법

> 어떤 특징이나 규칙도 없이 한곳에 뒤엉켜 있는 내용들을 기억하는 것보다는,
  일정한   에 따라 구분되어 있는 몇 개의 덩어리를 기억하는 것이
  훨씬 더 쉽습니다.

ex 12개의 숫자를 외운다고 합시다. 둘 중 어떤 형식이 더 오랫동안 기억할 수 있을까요?
그 이유를 정리해봅시다.

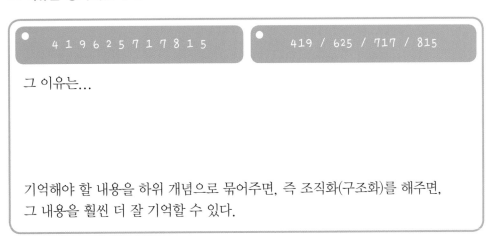

| 4 1 9 6 2 5 7 1 7 8 1 5 | 419 / 625 / 717 / 815 |

그 이유는...

기억해야 할 내용을 하위 개념으로 묶어주면, 즉 조직화(구조화)를 해주면,
그 내용을 훨씬 더 잘 기억할 수 있다.

> 어떤 내용을 조직화하게 되면, 이를　　　　　　나　　　　등으로
표현할 수 있습니다. 사회나 과학, 국사 교과서의 단원 마무리에 보면, 본문의
내용을 간단한 표나 그래프로 조직화하여 제시한 경우가 많이 있습니다.

ex 다음에 나오는 광물들을 외워봅시다!

백금, 알루미늄, 청동, 사파이어, 석회석, 화강암, 에메랄드, 강철,
구리, 은, 금, 납, 놋쇠, 다이아몬드, 대리석, 석판, 루비, 철_

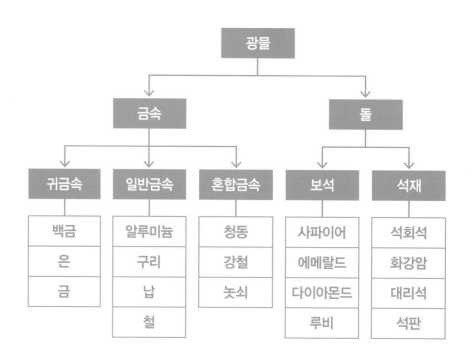

연습문제) **다음의 내용을 조직화 기법을 사용하여 정리해보세요.**

소화는 음식물을 잘게 쪼개어 우리 몸에 흡수될 수 있도록 분해하는 과정을 말한다. 소화기관에는 입, 식도, 위, 십이지장, 작은창자, 큰창자가 있다. 소화를 돕는 기관으로는 침샘, 간, 쓸개, 이자 등이 있다. 소화 과정은 먼저 음식물이 입으로 들어온 후, 식도를 통해 위로 내려가게 된다. 그다음은 십이지장을 거쳐 작은창자와 큰창자를 통해 영양분이 소화되고 흡수된다.

✋ 머릿글자 암기법

⬜⬜ 글자만 따서 외우는 암기법

> 외워야 할 정보들의 대표적인 음(대부분은 첫음절)들만 결합하여 쉽게 기억할 수 있도록 하는 방법입니다.

ex 우리나라의 3대 악성 : 왕산악, **우**륵, **박**연입니다.

머릿글자만 따면 "**왕,우,박**" →
왕산악, 우륵, 박연을 외우는 것보다는 왕우박을 외우는 것이 훨씬 더 효과적임!

ex 조선시대 왕 이름 순서대로 외우기 : 조선시대의 왕은,
태조 – 정종 – 태종 – 세종 – 문종 – 단종 – 세조 – 예종 – 〈중략〉 – 철종 – 고종 – 순종
순입니다. 우리는 이 이름들을 머릿글자만 따서 이렇게 외웁니다.

태정태세문단세 예성연중인명선 광인효현숙경영 정순헌철고순

✎ 연습문제) 미국의 5대 호수의 이름을 머릿글자 암기법을 사용하여 기억해보세요.

----- 미국의 5대 호수 -----

Erie호 Ontario호 Superior호 Michigan호 Huron호

방법 1 :

방법 2 :

✋ 연속으로 이어서 외우기 방법

외워야 할 내용들만 가지고 어떤 연상이나

□□□ 를 만듦으로써 기억하는 방법

> '액자, 인형, 장작, 사공, 모래, 연탄, 담요, 구두' 라는 단어들을 기억해야 할 때, 이를 순서대로 이야기를 만들어서 엮어가는 것입니다.

> "**액자** 속에 있는 **인형**이 **장작**을 패고 있었는데, 옆에서 바라보던 **사공**이 갑자기 **모래** 속에서 **연탄**을 꺼내더니 **담요** 위에 올려 놓고는 **구두**로 밟았다"

> 연속으로 이어서 외우기 방법의 가장 대표적인 예는 과학 시간에 배우는 광물의 굳기에 대한 내용입니다.

광물의 굳기 : 광물의 무르고 단단한 정도로서, 서로 긁었을 때 긁히지 않는 광물이 긁히는 광물보다 더 단단한 것임. 이를 독일의 광물학자인 프리드리히 모스가 '모스굳기계'로 표현함. 숫자가 클수록 단단한 광물임.

1	2	3	4	5	6	7	8	9	10
활석	석고	방해석	형석	인회석	정장석	석영	황석	강옥	금강석

"**활석** 많은 **방형**이 인정없는 **석황**을 **강금**했다"

연습문제) **다음의 단어들을 연속으로 이어서 외우기 방법을 사용하여 기억해보세요.**

잠수함, 독수리, 양파, 포도, 안경, 우유, 밧줄, 오징어

방법 1 :

방법 2 :

기억술의 적용

☝ 기억술의 적용 1 : 영어 단어 외우기   "플래시 카드 기법"

● **아래 그림을 살펴봅시다. 주인공은 왜, 공부한 단어를 시험 때 기억하지 못했을까요?**

> 시험에서는 단서만 제공을 하기 때문에, 우리는 그 단서를 보고 답을 기억해내야 합니다. 하지만 다음과 같은 단어장 형식("struggle – 고군분투하다")은 단서와 정답이 함께 제시되기 때문에, 공부하는 동안에는 마치 다 알고 있는 것 같은 느낌을 주지만 실제로는 별로 효과적이지 않습니다.

> 그렇다면 어떻게 해야 할까요? [ ][ ][ ] 카드 기법

   외우려고 할 때에도 시험 때와 마찬가지로 한 가지 단서만 제시하고, 그 단서를 가지고 정답을 추론하거나 회상하는 방식으로 공부해야 합니다.

앞면	뒷면
struggle [strʌgl]	**1.** 투쟁하다, 몸부림치다, 허우적거리다 **2.** 힘겹게 나아가다 **3.** (나쁜 상황 · 결과를 막기 위해) 싸우다

📌

step 1. 앞면과 뒷면을 번갈아가면서 단어를 암기한다.

step 2. 영어 단어만 보고 [ ] 을 떠올려본다.

   or 뜻만 보고 앞면의 [ ][ ][ ] 을 떠올려본다.

> 플래시 카드 기법은 다른 과목 내용을 암기할 때에도 유용한 방법입니다.

수학 공식 플래시 카드

근의 공식

$$x = \frac{-b \pm \sqrt{b^2 - 4ac}}{2a}$$

사회 중요 내용 플래시 카드

조선시대 양반의 특징

"상류 계급, 유학을 공부,
과거시험을 통해 관직 진출, 지배층"

연습문제) **최근에 배운 내용들 중 중요한 것 2가지를 골라,
플래시 카드로 만들어보세요.**

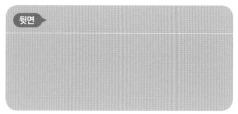

✌ 기억술의 적용 2 : 이미지 기억술 "마인드맵 (mind map)"

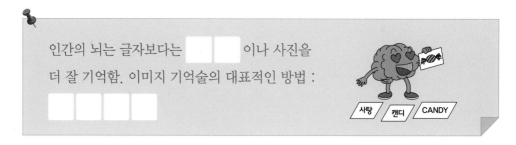

인간의 뇌는 글자보다는 ☐☐ 이나 사진을
더 잘 기억함. 이미지 기억술의 대표적인 방법 :

☐☐☐☐

> 마인드맵이란 문자 그대로 '생각의 ☐☐ '란 뜻으로, 자신의 생각을 지도
그리듯 이미지화해 사고력, 창의력, 기억력을 한 단계 높이는 두뇌개발 기법입니다.

> 외워야 할 내용들을 ☐☐ 으로 만들어내면 기억하기가 훨씬 쉬워집니다.

> 어떤 문제에 대하여 창조적으로 생각하고 있을 때, 시간이 흐르거나 연속적인 사
고의 연상이 진행되면서, 생각한 내용의 일부는 잃어버리게 되고 재생하기가 어
렵게 됩니다. 마인드맵은 유기적으로 연결되는 일련의 생각을 훌륭하게 상기시켜
줍니다.

> 마인드맵에는 특정한 형식이 없습니다(단순한 형태에서부터 상당히 복잡한 형태
까지 가능).

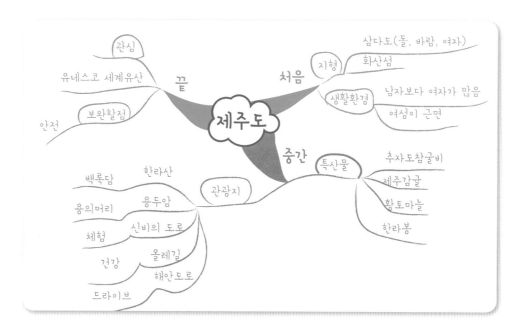

✏️ 연습문제) **K-POP에 대한 마인드맵을 그려봅시다.**

연습문제) 아래 글에 대한 마인드맵을 그려봅시다.

선사문화의 발전

초기의 인류는 나무나 짐승의 뼈, 돌 등을 이용하여 도구를 만들었다. 특히, 돌은 여러 가지 도구로 만들어져 널리 사용되었는데, 인류가 돌을 깨뜨려 만든 뗀석기를 사용한 때를 구석기 시대라고 한다.

이 시기의 인류는 나무의 열매나 뿌리, 곡식 등을 채집해 먹었으며, 짐승이나 물고기를 잡아먹기도 하였다. 이들은 무리를 지어 생활하였고, 식량을 마련하기 위하여 이동 생활을 하였다. 따라서 이들의 흔적은 주로 동굴에서 발견되고 있다.

인류의 지혜가 발달하면서 도구를 만드는 방법도 점차 개선되었다. 그리하여 약 1만 년 전부터 돌을 갈아서 만든 간석기가 널리 사용되었는데, 이때를 신석기 시대라고 한다.

간석기를 사용하면서부터 인류는 농사를 짓고 짐승을 기르기 시작하였다. 이처럼 자연을 이용하여 개발할 수 있게 되자, 더 이상 떠돌아다닐 필요가 없어졌다. 사람들은 움집을 짓고 마을을 이루어 정착 생활을 하였고, 토기를 만들어 식량을 저장하였다.

✋ 기억술의 적용 3 : 이미지 기억술 "그림으로 만들기"

외워야 할 내용을 잘 정리하여 ☐☐ 으로 표현하는 방법

● **아래와 같이 기억해야 할 내용들이 있다면, 여러분은 어떤 그림으로 만들어보겠습니까?**

예문

물질의 3가지 상태

물질은 고체, 액체, 기체의 3가지 상태로 존재한다. 고체 상태는 입자들 사이의 거리가 가장 가깝고, 입자들이 제자리에서 크게 벗어나지 않는다. 또한 일정한 모양과 부피를 갖고, 그 모양이나 부피가 거의 변하지 않는다. 액체 상태는 입자들 사이의 인력은 비교적 강한 편이지만, 그 사이가 약간 떨어져 있어 고체보다는 자유롭게 움직인다.

고체에 열을 가하면 액체로 변하게 된다. 액체 상태는 담는 그릇에 따라 모양이 변하고 흐르는 성질이 있다. 마지막으로 기체 상태는 입자들 간의 거리가 매우 떨어져 있어서 입자 간의 인력이 거의 없으며 자유롭게 운동한다. 고체나 액체에 열을 가하면 기체로 변한다. 기체 상태는 온도와 압력에 따라 부피가 크게 변하며, 일정한 모양과 부피가 없다.

> 앞의 글은 과학에 대한 내용으로, 흔히 교과서나 참고서 등에서
> 글과 함께 그림으로 바뀐 내용이 제시되어 있습니다.

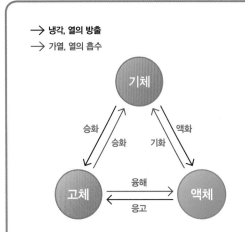

약 8줄에 해당하는 긴 내용을 그림으로 정리하니 훨씬 간결하고 보기 좋으며, 기억하기에도 쉬운 내용으로 바뀌었습니다. 이것이 바로 이미지 기억술의 힘입니다.

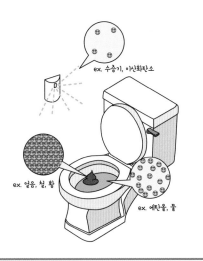

옆의 그림 역시 물질의 3가지 상태를 이미지화한 것입니다. 모든 내용을 포함하지는 못했지만, 독특하고 기발한 그림으로 인해 단번에 기억될 것만 같습니다.

물론 이런 그림을 그리려면 더 많은 노력이 요구됩니다. 하지만 이처럼 한 번 노력을 들여 자기 것으로 만들어 놓은 내용은, 쉽게 기억될 뿐만 아니라 더 오랫동안 기억된 다는 강력한 장점을 가지고 있습니다.

연습문제) '**대기권의 구조**'에 대한 아래 글을 그림으로 만들어봅시다.

예문 · **대기권의 구조**

대기권이란, 지구의 중력에 의해 지표로부터 약 1000km 높이까지 지구를 둘러싸고 있는 공기 층이다. 지표면으로부터 약 10km 높이까지의 구간은 대류권으로, 대기권을 구성하는 거의 모든 기체가 대류권에 집중되어 있는데, 대기가 불안정하여 대류 현상과 기상 현상이 나타난다. 약 10~50km까지의 구간은 성층권으로, 아래에는 찬 공기가, 위에는 더운 공기가 있어 대기가 매우 안정적이다. 다만 오존층이 있어 태양에서 오는 자외선을 흡수하므로 기온이 쉽게 상승한다. 약 50~80km까지의 구간은 중간권이라 하는데, 대류 현상은 일어나지만 수증기가 없으므로 기상 현상은 일어나지 않는다. 지구로 들어오는 유성들이 공기의 마찰에 의해 가장 많이 타는 구간이다. 열권은 약 80~1000km까지의 구간으로, 공기가 희박하나 태양 복사 에너지를 흡수하여 온도가 매우 높다. 낮과 밤의 온도차가 매우 심하며, 오로라 현상이 나타난다.

기억술의 이해와 적용

★ **기억술**

사람들이 기억을 더 잘하도록 도와주는 의도적인 방법이나 기술을 의미합니다.
다시 말하면 기억술이란 기억의 기술(skill) 혹은 전략(strategy)으로, 학습해야 할 내용이나
자료를 보다 효과적으로 기억하고 회상하는 데 도움을 주는 일종의 장치입니다.

★ **기억술의 종류**

☐ ☐ ☐	외워야 할 정보들을 내가 잘 알고 있는 장소와 연결시켜 기억하는 방법
페그워드법	말뚝(peg) 역할을 하는 일련의 익숙한 단어들에다가 기억해야 할 사항을 결합시키는 방법
☐ ☐ ☐ 기법	아무 구분 없이 쭉 나열되어 있는 내용을 일정한 기준이나 특징에 따라 조직화하여 기억하는 방법
머릿글자 암기법	외워야 할 정보들의 대표적인 음(대부분은 첫 글자)들만 결합하여 쉽게 기억할 수 있도록 하는 방법
☐ ☐ 으로 이어서 외우기 방법	외워야 할 내용들만 가지고 어떤 연상이나 이야기를 만듦으로써 보다 쉽게 기억할 수 있는 방법

★ **기억술의 적용**

- ☐ ☐ ☐ 카드 기법
- 마인드맵(mind map)
- ☐ ☐ 으로 만들기

과 제

기억술의 적용 연습

– 아래의 내용을 읽은 뒤, 앞에서 배운 기억술을 적용하여 다시 정리해봅시다.
  먼저 조직화 방법을 사용하여 정리한 다음, 이미지 기억술을 사용해서 내용을 정리해봅시다.

혈관의 종류

우리 몸에 있는 혈관의 종류는 크게 3가지로, 동맥, 정맥, 모세혈관으로 구성되어 있다. 동맥은 두껍고 탄성이 있는 근육질의 벽을 가진 구조로 되어 있으며, 심장으로부터 온몸으로 혈액을 운반하는 역할을 한다. 정맥은 얇은 근육질의 벽으로 되어 있고, 판막이 있으며, 온몸에서 심장으로 혈액을 운반한다. 한편 모세혈관은 한 층의 세포로 구성된 얇은 벽으로, 동맥과 정맥 사이에서 혈액을 운반한다. 또 조직액과 혈액 사이에서 물질을 교환하는 일도 한다.

▶ 기억술 적용 ❶ : 조직화 기법으로 위 내용 정리하기

과 제

▶ 기억술 적용 ❷ : 이미지 기억술로 위 내용 정리하기

핵심단어	수업내용 정리

핵심단어	수업내용 정리

핵심단어	수업내용 정리

핵심단어	수업내용 정리

핵심단어	수업내용 정리

박동혁

심리학박사

현) 아주대학교 교육대학원 겸임교수

원광디지털대학 심리학과 초빙교수

– 아주학습능력개발연구실(ALADIN)

– 강남삼성의료원 정신과 인턴

– MBC 자지주도학습캠프

– 한국산업기술재단 연구기획위원회 자문위원

– 서울시 교육청 자기주도학습 프로그램 효과 검증

– 심리학습센터 '마음과 배움' 소장

– 허그맘 심리상담센터 대표원장

〈저서 및 연구〉

『최강공부법』(웅진씽크하우스, 2006)

『좋은 공부습관 만들기 워크북』(KPTI)

램프학습플래너(EBS)

MLST 학습전략검사(가이던스)

AMHI 청소년인성건강검사(가이던스)

KMDT 진로진학 진단검사(진학사)

LMDT 학습동기검사(진학사)

「학습습관향상 프로그램이 청소년의 학업성취와 정신건강에 미치는 효과」(2000)

「청소년 정신건강의 사회적 요인」(2002)

「대학생 시간관리 행동 척도의 개발과 타당화」(2006)

「예방과 촉진을 위한 청소년 정신건강 모형의 탐색」(2007)

LAMP WORKBOOK
PART 4 IE
정보처리 능력 향상 프로그램 (학생용)

2014년 5월 15일 1판 1쇄 발행
2023년 6월 20일 1판 6쇄 발행

지은이 • 박 동 혁
펴낸이 • 김 진 환
펴낸곳 • (주) **학 지사**
　　　　04031 서울특별시 마포구 양화로 15길 20 마인드월드빌딩 5층
대표전화 • 02) 330-5114　　　팩스 • 02) 324-2345
등록번호 • 제313-2006-000265호
홈페이지 • http://www.hakjisa.co.kr
페이스북 • https://www.facebook.com/hakjisabook
ISBN 978-89-997-0409-3 04370
　　　978-89-997-0401-7 (set)

정가 **8,000원**

출판미디어기업 **학 지사**

간호보건의학출판 **학지사메디컬** www.hakjisamd.co.kr
심리검사연구소 **인싸이트** www.inpsyt.co.kr
학술논문서비스 **뉴논문** www.newnonmun.com
원격교육연수원 **카운피아** www.counpia.com

Page 18-20
효과적인 노트양식 설명 스티커

느 낌	취 소 선	중 요 한	직 후	개 요 번 호
여 백	그 래 프	들 여 쓰 기		학 습 목 표
제 목	그 림	중 요	핵 심	

Page 22
효과적인 노트법 단계 스티커

Page 25
효과적인 노트법 단계 스티커

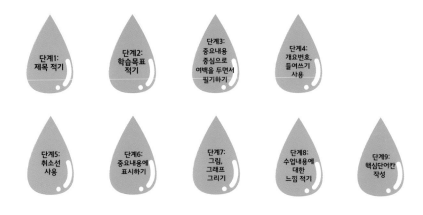

Page 38
책 읽기 설명 스티커

유	기	보	기	문	질	송
문	하	기	정	기	기	리
이	분	하	기	복	하	어
습	추	기	산	암	훑	반
예	하	의	읽	복	찾	측

Page 60
기억전략 설명 스티커

집중하기

요약하기

반복하기

기억술 사용하기

이해하기